एक दिन छोटी लाल मुर्गी फार्म के आहाते में घूम रही थी तो उसे गेहूँ के कुछ दाने मिले।
"मै इसे रोप सकती हूँ," उसने सोचा। "परन्तु मुझे किसी के सहायता की जरूरत होगी।"

One day Little Red Hen was walking across the farmyard when she found some grains of wheat.
"I can plant this wheat," she thought. "But I'm going to need some help."

छोटी लाल मुर्गी ने फार्म पर दूसरे जानवरों को बुलाया:
"क्या कोई मुझे इस गेहूँ को रोपने में सहायता करेगा?"
"मैं नही," बिल्ली ने कहा, "मैं बहुत व्यस्त हूँ।"
"मैं नही," कुत्ते ने कहा, "मैं बहुत व्यस्त हूँ।"
"मैं नही," बतख ने कहा, "मैं बहुत व्यस्त हूँ।"

Little Red Hen called out to the other animals on the farm:
"Will anyone help me plant this wheat?"
"Not I," said the cat, "I'm too busy."
"Not I," said the dog, "I'm too busy."
"Not I," said the goose, "I'm too busy."

"तब मैं सब स्वयं ही करूंगी!" छोटी लाल मुर्गी ने कहा।
उसने गेहूँ के दानों को लिया और उन्हें रोप दिया।

"Then I shall do it all by myself," said Little Red Hen.
She took the grains of wheat and planted them.

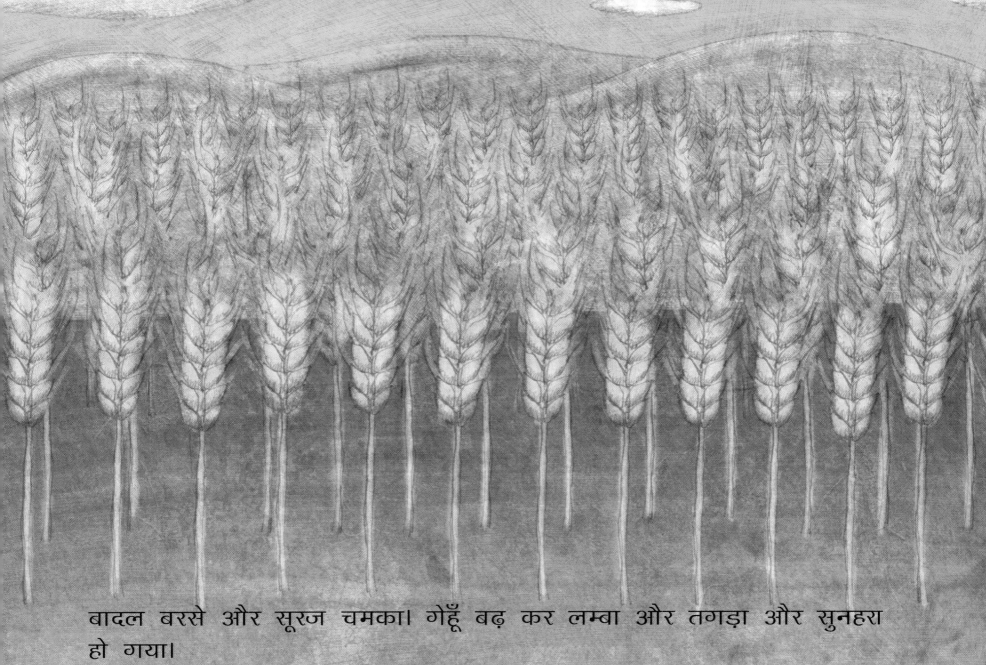

बादल बरसे और सूरज चमका। गेहूँ बढ़ कर लम्बा और तगड़ा और सुनहरा हो गया।
एक दिन छोटी लाल मुर्गी ने देखा कि गेहूँ पक गया था। अब वह काटने के लिए तैयार था।

The clouds rained and the sun shone. The wheat grew strong and tall and golden.
One day Little Red Hen saw that the wheat was ripe. Now it was ready to cut.

छोटी लाल मुर्गी ने दूसरे जानवरों को बुलायाः
"क्या कोई मुझे इस गेहूँ को काटने में सहायता करेगा?"
"मैं नही," बिल्ली ने कहा, "मैं बहुत व्यस्त हूँ।"
"मैं नही," कुत्ते ने कहा, "मैं बहुत व्यस्त हूँ।"
"मैं नही," बतख ने कहा, "मैं बहुत व्यस्त हूँ।"

Little Red Hen called out to the other animals:
"Will anyone help me cut the wheat?"
"Not I," said the cat, "I'm too busy."
"Not I," said the dog, "I'm too busy."
"Not I," said the goose, "I'm too busy."

"तब मैं सब स्वयं ही करूंगी!" छोटी लाल मुर्गी ने कहा।
उसने एक हँसिया उठाया और सब गेहूँ काट डाला। फिर उसने उसे एक
बोझे में बाँध दिया।

"Then I shall do it all by myself," said Little Red Hen.
She took a sickle and cut down all the wheat. Then she tied it into a bundle.

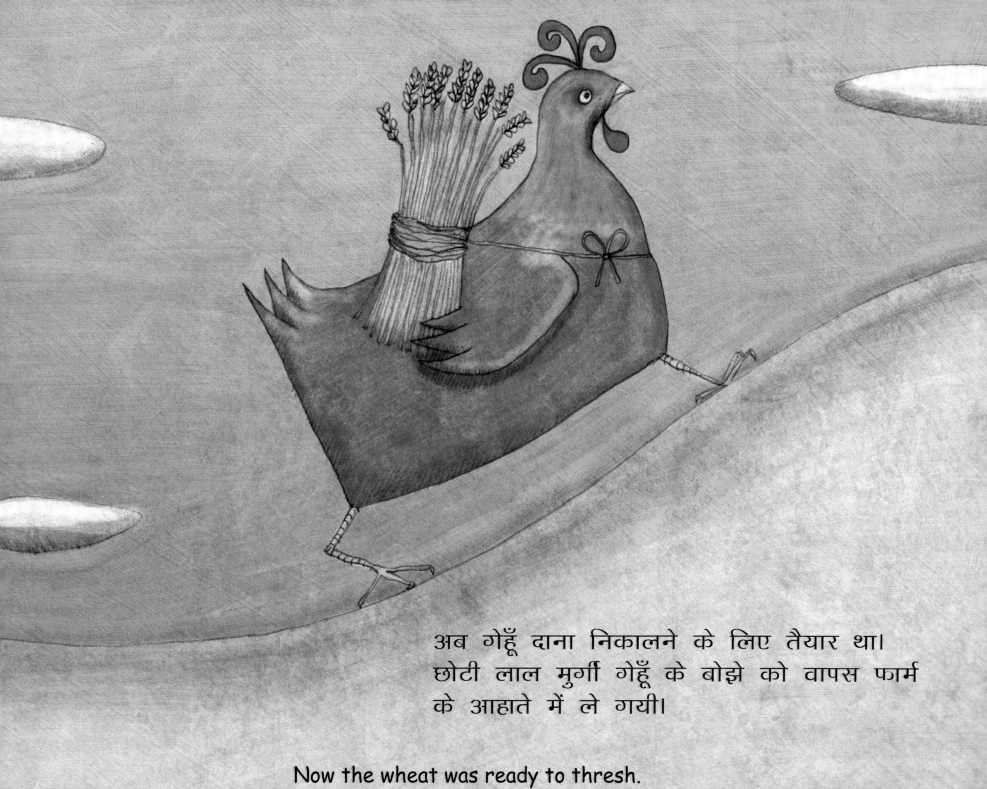

अब गेहूँ दाना निकालने के लिए तैयार था।
छोटी लाल मुर्गी गेहूँ के बोझे को वापस फार्म
के आहाते में ले गयी।

Now the wheat was ready to thresh.
Little Red Hen carried the bundle of wheat back to the farmyard.

छोटी लाल मुर्गी ने दूसरे जानवरों को बुलायाः
"क्या कोई मुझे गेहूँ से दाना निकालने में सहायता करेगा?"
"मैं नही," बिल्ली ने कहा, "मैं बहुत व्यस्त हूँ।"
"मैं नही," कुत्ते ने कहा, "मैं बहुत व्यस्त हूँ।"
"मैं नही," बतख ने कहा, "मैं बहुत व्यस्त हूँ।"

Little Red Hen called out to the other animals:
"Will anyone help me thresh the wheat?"
"Not I," said the cat, "I'm too busy."
"Not I," said the dog, "I'm too busy."
"Not I," said the goose, "I'm too busy."

"तब मैं सब स्वयं ही करूंगी!"
छोटी लाल मुर्गी ने कहा।

"Then I shall do it all by myself!"
said Little Red Hen.

वह सारे दिन गेहूँ से दाने निकालती रही।
जब वह कर चुकी तो उसने सब अपनी
गाड़ी में रख दिया।

She threshed the wheat all day long.
When she had finished she put it into her cart.

अब गेहूँ पीस कर आटा बनने के लिए तैयार था। पर छोटी लाल मुर्गी बहुत थक गयी थी तो वह खलिहान पर चली गयी और जल्द ही सो गयी।

Now the wheat was ready to grind into flour. But Little Red Hen was very tired so she went to the barn where she soon fell fast asleep.

अगली सुबह छोटी लाल मुर्गी ने दूसरे जानवरों
को बुलायाः
"क्या कोई मुझे गेहूँ को चक्की तक ले जाने में
सहायता करेगा?"
"मैं नही," बिल्ली ने कहा, "मैं बहुत व्यस्त हूँ।"
"मैं नही," कुत्ते ने कहा, "मैं बहुत व्यस्त हूँ।"
"मैं नही," बतख ने कहा, "मैं बहुत व्यस्त हूँ।"

The next morning Little Red Hen called out to the
other animals:
"Will anyone help me take the wheat to the mill?"
"Not I," said the cat, "I'm too busy."
"Not I," said the dog, "I'm too busy."
"Not I," said the goose, "I'm too busy."

“तब मैं स्वयं ही जाऊँगी!” छोटी लाल मुर्गी ने कहा।
उसने गेहूँ से भरी अपनी गाड़ी खीचा और सब रास्ते धक्का देते चक्की तक गई।

“Then I shall go all by myself!” said Little Red Hen.
She pulled her cart full of wheat and wheeled it all the way to the mill.

पीसने वाले ने गेहूँ लिया और उस को पीस कर आटा बना दिया।
अब वह एक डबलरोटी बनाने के लिए तैयार था।

The miller took the wheat and ground it into flour.
Now it was ready to make a loaf of bread.

छोटी लाल मुर्गी ने दूसरे जानवरों को बुलायाः
"क्या कोई मुझे इस आटे को बेकर तक ले जाने
में सहायता करेगा?"
"मैं नही," बिल्ली ने कहा, "मैं बहुत व्यस्त हूँ।"
"मैं नही," कुत्ते ने कहा, "मैं बहुत व्यस्त हूँ।"
"मैं नही," बतख ने कहा, "मैं बहुत व्यस्त हूँ।"

Little Red Hen called out to the other animals:
"Will anyone help me take this flour to the baker?"
"Not I," said the cat, "I'm too busy."
"Not I," said the dog, "I'm too busy."
"Not I," said the goose, "I'm too busy."

"तब मैं स्वयं ही जाऊँगी!" छोटी लाल मुर्गी ने कहा।
वह भारी आटे की बोरी को लेकर सब रास्ते बेकरी तक गयी।

"Then I shall go all by myself!" said Little Red Hen.
She took the heavy sack of flour all the way to the bakery.

बेकर ने आटा लेकर उसमें कुछ खमीर, पानी, चीनी और नमक मिलाया।
उसने गूँथे हुए आटे को ओवन में डाला और उसे पकाया।
जब डबलरोटी तैयार हो गयी तो उसने उसे छोटी लाल मुर्गी को दे दिया।

The baker took the flour and added some yeast, water, sugar and salt. He put the dough in the oven and baked it. When the bread was ready he gave it to Little Red Hen.

छोटी लाल मुर्गी ताजी पकी डबलरोटी को ले कर वापस रास्ते से फार्म के आहाते तक पहुँची।

Little Red Hen carried the freshly baked bread all the way back to the farmyard.

छोटी लाल मुर्गी ने अन्य जानवरों को बुलायाः
"क्या कोई मुझे इस स्वादिष्ट ताजी डबलरोटी
खाने में सहायता करेगा?"

Little Red Hen called out to the other animals:
"Will anyone help me eat this tasty fresh bread?"

"मैं करूंगा," कुत्ते ने कहा, "मैं व्यस्त नही हूँ।"

"I will," said the dog, "I'm not busy."

"मैं करूंगी," बतख ने कहा,
"मैं व्यस्त नही हूँ।"

"I will," said the goose, "I'm not busy."

"मैं करूंगा," बिल्ली ने कहा, "मैं व्यस्त नही हूँ।"

"I will," said the cat, "I'm not busy."

"ओह मुझे इसके बारे में सोचना पड़ेगा!" छोटी लाल मुर्गी ने कहा।

"Oh, I'll have to think about that!" said Little Red Hen.

छोटी लाल मुर्गी ने आटा पीसने वाले और बेकर को अपनी स्वादिष्ट डबलरोटी खाने के लिए बुलाया जबकि दूसरे तीनों जानवर सब देखते रहे।

The Little Red Hen invited the miller and the baker to share her delicious bread while the three other animals all looked on.

key words

little	छोटी	clouds	बादल
red	लाल	rain	बारिश
hen	मुर्गी	sun	सूरज
farmyard	फार्म का अहाता	ripe	पका
farm	फार्म	plant	रोपना
goose	बतख	cut	काटना
dog	कुत्ता	sickle	हँसिया
cat	बिल्ली	bundle	बोझा
wheat	गेहूँ	thresh	दाना निकालना
busy	व्यस्त	grind	पीसना

मुख्य शब्द

flour	आटा	tasty	रूचिकर
the mill	चक्की	fresh	ताजा
miller	पीसने वाला	delicious	स्वादिष्ट
ground	पीसा हआ	all	सभी
bread	डबलरोटी	she	वह
baker	बेकर	he	वह
yeast	खमीर		
water	पानी		
sugar	चीनी		
salt	नमक		

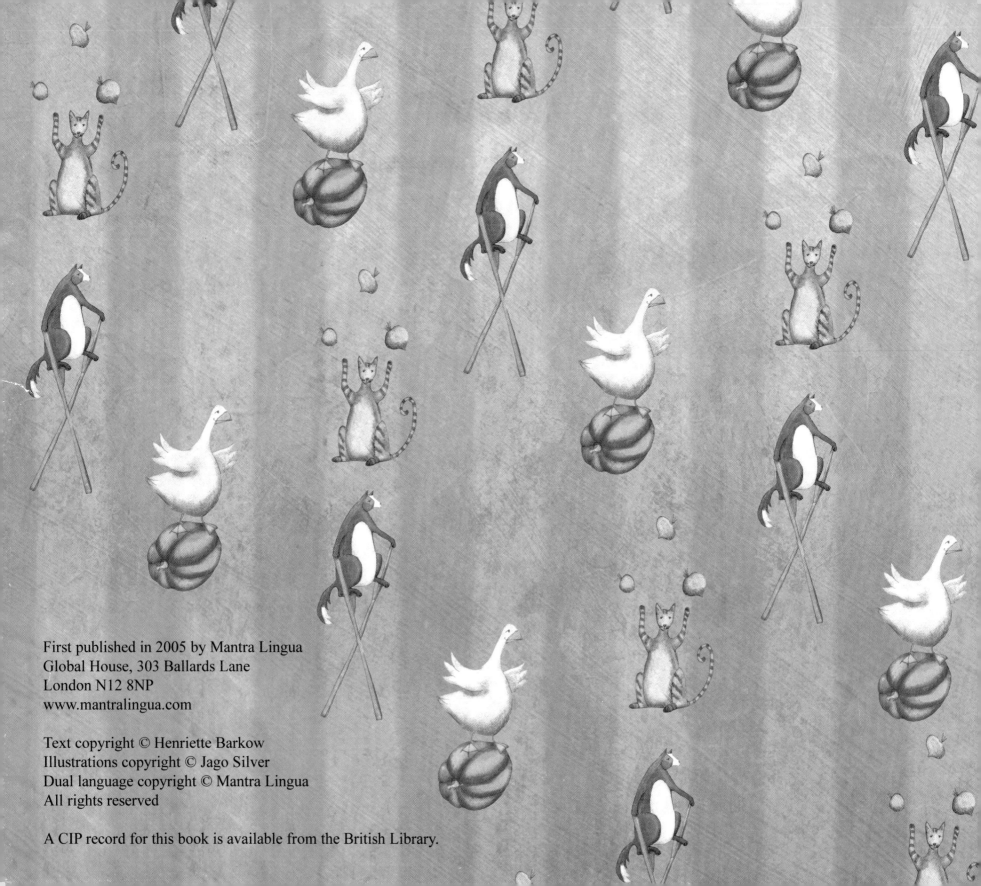

First published in 2005 by Mantra Lingua
Global House, 303 Ballards Lane
London N12 8NP
www.mantralingua.com

A CIP record for this book is available from the British Library.